RÉFLEXIONS

SUR L'ÉTAT DES FINANCES,

SUR LE BUDGET DE 1816,

ET SUR LES MOYENS LES PLUS PROPRES A FONDER LE CRÉDIT PUBLIC;

Par M. LE BARON DE JUMILHAC,
DÉPUTÉ DE SEINE ET OISE.

A PARIS,

DE L'IMPRIMERIE DE LEBLANC.

1816.

RÉFLEXIONS

SUR L'ÉTAT DES FINANCES

ET LE BUDGET DE 1816.

~~~~~~~~~~~~~~~~

MESSIEURS,

APPELÉS à seconder les vues paternelles de Sa Majesté, jamais peut-être, moment plus intéressant ne s'est présenté pour prouver au monde, qu'avec un Roi entouré de l'amour de ses sujets, et des fidèles et loyaux Représentans de son peuple, non-seulement on ne doit désespérer de rien, mais que du sein du malheur même, quand on est animé par la bonne-foi, et guidé par la fatale expérience du passé, il suffit d'établir des lois sur les principes de la plus exacte probité, pour faire renaître cette confiance, qui est l'âme et la ressource conservatrice de toutes les transactions sociales.

Je sais, Messieurs, que dans la crise où se trouve la France, chacun, suivant son intérêt particulier, discute et présente un plan de finances; mais nous,
~~~~~~~~~~~~~~~~

quel'intérêt seul de la Patrie doit diriger, écartons tous les plans insidieux, et que chacun de nous, se pénétrant de la position de l'État, agisse dans la question de la dette nationale, comme il ferait pour mettre ordre à ses propres affaires. Le mal est grand sans doute; mais il n'est pas irréparable. Ne craignons point de sonder la plaie, et peut-être serons-nous étonnés de trouver autant de ressources, pour combler notre déficit. Avant d'aborder la question, permettez-moi quelques réflexions préliminaires.

D'où vient, Messieurs, qu'en moins d'un siècle, la France, ou plutôt ses créanciers, ont éprouvé plusieurs banqueroutes, dont deux ont été totales? Ce ne peut être que par des opérations désastreuses, et par une succession de Ministres, qui ont apporté chacun des plans subversifs de ceux qui avaient été établis par leurs prédécesseurs, et parce qu'on a confié une direction aussi importante, à des Ministres plus courtisans que financiers, et qui ont sacrifié l'intérêt de l'Etat à leur crédit particulier, sans sollicitude pour l'avenir, et agissant, à proprement parler, comme le particulier dérangé et immoral, qui s'inquiète fort peu de ses dettes, encore moins de ses créanciers, et n'est point effrayé de les voir augmenter, pourvu qu'elles lui procurent de nouvelles ressources.

Comment, avec un pareil systême, peut-on être surpris de voir la défaveur où est tombé le crédit

national? On cite le crédit de la banque d'Angleterre, et l'on a raison. D'où vient ce phénomène?
Car, si l'on compare notre dette avec celle qui
pèse sur l'Angleterre, je ne crains point de le dire,
nous ne devons pas le tiers de celle dont elle est
grévée. Si vous comparez les ressources des deux
Etats, la France offre un territoire aussi fertile
qu'immense, et peuplé d'habitans aussi industrieux
que peut l'être le sol anglais, qui n'a d'autres ressources que ses arts et son commerce; d'où vient
donc que tous les capitaux de l'Europe se portent
à la banque d'Angleterre, et semblent fuir de tous
les autres Etats du Continent? N'en doutons pas,
Messieurs, c'est que partout, à l'exception de l'Angleterre, les opérations de finances sont versatiles;
c'est que partout on craint de prêter aux Gouverne-
mens, tandis qu'en Angleterre, les ministres peuvent
changer, mais le système de finances est invariable.
Remarquez, Messieurs, que nul emprunt n'est fait
à la banque d'Angleterre, qu'à l'instant même on
ne fonde les moyens du remboursement du capital
emprunté; et, quelqu'éloigné qu'en soit le terme, le
prêteur, voyant le gage qui lui représente son capital, s'empresse de le confier à un trésor dont le
crédit est inépuisable. A quoi tient ce crédit immense et universel? Vous le voyez, Messieurs, il
doit son existence à la bonne-foi.

La morale dont on parle beaucoup, et que l'on

pratique fort peu, est cependant un des plus grands moyens de fonder et d'assurer le crédit. Depuis près d'un siècle, je trouve une absence totale de ce levier des consciences. L'égoïsme, enfant d'une philosophie erronée, a remplacé tous les sentimens généreux dont nos pères nous avaient transmis l'exemple, et nous avons échangé leur culte pour celui *du Veau d'or*. Ces fortunes, fruit du travail de plusieurs générations, et que l'on nous apprenait à employer honorablement; ces fortunes, dis-je, qui n'excitaient point la cupidité, parce qu'elles étaient, par nos principes, le patrimoine des pauvres, et dont nous n'étions que les économes et les dispensateurs, ont été bientôt l'objet de l'envie de tous les sectateurs de cette indigne philosophie. Chacun a pris conseil de son fol orgueil; chacun, en s'éloignant des idées religieuses, a placé son bonheur dans la jouissance du présent, en secouant avec dédain les espérances d'un avenir dont l'immortalité est le partage. Nous avons dit, dans notre cœur, il n'y a plus de Dieu; et Dieu s'est retiré de nous. Qu'est-il arrivé? Ce que l'on peut présager avec certitude à tous ceux qui s'écarteront de la religion et de sa morale. Du désir, nous avons passé aux actions, et chacun voulant s'enrichir, n'a plus considéré que les moyens. Toutes les propriétés ont été confondues; toutes les passions ont été mises en jeu, et les satisfaire a été le seul but qu'on s'est proposé. Les usurpations de tous les genres ont été mises à l'ordre du jour. Pour nous en convaincre, ouvrons les yeux, et gémissons. Voyons ce premier ordre de l'État, auquel la France devait presque toutes ses lumières, et la plus saine morale. Qu'est-il devenu? Où sont ces asiles de la piété, qui n'existaient que pour le soulagement de la classe indigente; ces retraites où la vertu, toujours en prières, semblait arrêter la colère céleste, près d'éclater sur nos coupables têtes! Ce qu'ils sont devenus! L'Impie les a détruits; il a renversé nos autels; il a ramené parmi nous le paganisme, déifié tous les vices, dégradé la nature; et la France étonnée, cette France qui fut si long-temps l'exemple des nations et la gloire du christianisme, subjuguée par de nouveaux Vandales, est obligée de recevoir de ces infâmes régénérateurs, cette honteuse inscription sur ses Temples: *Le Peuple français reconnaît l'Être-Suprême et l'immortalité de l'âme;* inscription que l'histoire transmettra comme un monument de notre funeste irréligion.

On ose établir une fête de l'Être-Suprême, que l'on confond avec toutes celles qui ont été instituées par le paganisme, en faveur de dieux imaginaires. Des courtisannes remplacent sur nos autels le Dieu des vivans et des morts! La plume tombe des mains en retraçant de pareilles horreurs, et l'on ne peut la reprendre qu'en s'écriant : Grand Dieu ! jusqu'à quand serez-vous irrité? Sommes-nous arrivés à ces temps prédits par les prophètes, où Dieu, annonçant les malheurs des nations, semble épuiser toute sa colère sur elles, en disant: Je les frapperai de l'esprit de vertiges, de délire et d'erreur: et c'est avec de tels principes que nous voudrions obtenir du crédit! Non, Messieurs. Tant que l'esprit de justice et de religion ne servira pas de base à toutes nos transactions, on ne se rappellera que de nos injustices. Soyons donc justes pour nos propres intérêts, et à l'instant, le crédit soutiendra nos entreprises. La confiance ne se donne pas; et la justice a seule le droit de l'inspirer.

J'aborde la question du Budget, et sépare les objets qu'il contient en trois articles; 1°. l'Arriéré jusqu'au 1.er janvier 1816; 2°. le Budget de 1816; 3°. la Caisse d'Amortissement.

ARRIÉRÉ.

On sait, Messieurs, avec quelle loyauté les créanciers de l'État avaient été traités en 1814. Tout présageait que l'ordre et l'économie allaient liquider toutes nos dettes, et que le commerce ainsi que l'industrie allaient être, pour la France, des sources intarissables de prospérité. L'événement le plus épouvantable a renversé tous les projets des hommes, et a replongé la France dans le deuil, ainsi que dans la détresse; mais notre bon Roi nous est rendu, et, avec lui, toutes les vertus remontent sur le trône. Les créanciers de l'État doivent donc compter sur la même loyauté qu'ils éprouvèrent en 1814; mais aussi, ils doivent considérer dans quelle position désastreuse nous a placés l'infâme usurpateur, qui, en moins de trois mois, a trouvé le secret de dévorer plus de trois milliards. Il faut donc, pour raisonner avec justice, considérer l'État comme un particulier, que des circonstances désastreuses ont forcé de suspendre ses paiemens; mais qui, plein de bonne-foi, et ne voulant rien faire perdre à ses créanciers, les rassemble, leur expose sa situation, et prend les moyens de les rembourser intégralement; en leur payant, à cinq pour cent, l'intérêt de leurs capitaux, jusqu'à leur entier remboursement. J'offrirai donc aux créanciers de l'État, la consolidation de leurs créances, avec intérêt à cinq pour cent. Les créanciers diront peut-être, et même avec justice, vous ne nous liquidez pas intégralement. A cela, je réponds par une solution qui est l'ouvrage de notre honorable collègue, M. de Bourienne, et que je trouve de toute justice. Supposons la rente à soixante francs, au moment où je la livrerai au créancier; il y auroit déficit de quarante francs dans le capital : alors je donne un bon de quarante francs, outre la liquidation, qui représenterait l'intégralité de la rente, au jour où je l'ai livrée aux créanciers de l'État; et quand l'échéance du remboursement serait arrivée, la Caisse d'Amortissement, chargée du remboursement, compterait de clerc-à-maître avec le porteur de la créance, et ils se tiendraient respectivement compte du plus ou moins de valeur qu'aurait la rente sur la place, au jour de l'échéance du remboursement; ainsi, si le porteur a confiance dans les effets que je lui remets lors de sa liquidation, et qu'il garde la rente concédée par l'État, il n'en touchera pas moins cinq pour cent par an, quoiqu'il n'ait pris la rente qu'au cours de soixante francs, et il sera porteur d'un billet qui lui servira de gage qu'à l'instant de son remboursement, il sera soldé intégralement de tout son capital.

Peut-on agir plus loyalement? Peut-on mettre plus de probité, et exprimer un désir mieux prononcé de vouloir remplir religieusement tous ses engagemens.

Mais, diront encore les créanciers de l'État, où trouverons-nous le gage de notre remboursement? C'est ici que nous devons aborder franchément la question, et ne laisser aucun doute sur la pureté des intentions du Gouvernement. L'Arriéré est fixé momentanément à six cent vingt-cinq millions; et tout le monde s'accorde à dire qu'après la liquidation qui en sera faite, il ne s'élèvera pas, à beaucoup près, à une somme aussi exhorbitante. Mais partons de cette base.

S'il existe un boni après la liquidation, il tournera au profit des charges de la Caisse d'Amortissement.

Qu'a présenté le Ministre des finances, pour amortir le passif de l'arriéré, jusqu'à la loi du 23 septembre 1814, et arrêté par lui à la somme de sept cent cinquante-neuf millions? Vous savez, Messieurs, qu'il avait affecté trois cent mille hectares de bois, et la vente des biens communaux ; mais vous savez encore mieux combien ces gages étaient insuffisans. Je ne vous citerai qu'un exemple : On a vendu trente mille hectares ; qu'ont-ils produit? environ dix-neuf millions. Si trente mille hectares de bois, les plus à la convenance n'ont produit que dix-neuf millions, les trois cent mille hectares ne représenteraient au plus que cent quatre-vingt-dix millions ; ajoutez-y la vente des biens communaux, que je porte à cent dix millions ; vous voyez que pour sept cent cinquante-neuf millions d'arriéré, on n'offrait qu'un gage de trois cents millions, qui n'était pas la moitié du gage nécessaire. Par le Budget de 1816, on affecte cent mille hectares de bois de plus pour le remboursement de l'arriéré ; ainsi c'est une sûreté de plus que l'on offre aux créanciers ; mais qui ne suffit pourtant pas pour représenter la totalité de leurs créances.

C'est le cas de placer ici, Messieurs, une observation dictée autant par la morale que par la justice. Je veux parler d'abord de l'aliénation des bois ;

projet aussi désastreux que peu profitable; source d'agiotage, et ruineux pour l'Etat.

Peut-on aliéner et vendre des bois appartenant au clergé, ou à tout autre corporation, telle que celle de l'ordre de Malthe?

Quel est le débiteur? C'est la Nation. Elle a des domaines, qu'elle s'en serve pour se libérer; mais une spoliation n'est, ni ne sera jamais un titre dont on puisse disposer. Le Roi est si pénétré de ce principe, qu'il a ordonné la restitution de toutes les propriétés particulières encore invendues. J'ignore quel parti l'on prendra pour les possessions de l'ordre de Malthe, et celles du clergé de France; mais ce que je n'ignore pas, ce sont les outrages dont on a abreuvé le premier ordre de l'Etat, et le malheur qu'a causé à notre patrie l'absence de tout esprit de justice envers lui, comme envers tous les autres propriétaires. Je demanderais donc, si les besoins de l'Etat exigent que l'on aliène des bois, que l'on respectât scrupuleusement tous ceux qui n'ont été déclarés nationaux que par la mauvaise-foi et l'injustice. Quoique cette demande ne paraisse fondée que sur la morale, elle a encore l'avantage d'être utile à la vente, si les besoins de l'Etat en faisaient une loi, en ce que beaucoup de créanciers de la dette publique, refusant de placer leurs fonds sur des biens aussi injustement confisqués, achetteraient, avec empressement, des bois appartenant, en toute propriété, à l'Etat, parce que l'Etat est leur vrai débiteur. Je crois que la consolidation de l'arriéré est indispensable ; et, d'après cette persuasion, voici comment j'opérerais : La liquidation serait divisée en deux classes ;

1.º Les créances contractées de bonne-foi, soit pour achats et fournitures faites au gouvernement légitime. Ces créances seraient soldées intégralement par les moyens indiqués ci-dessus, c'est-à-dire, avec des rentes au cours, et des billets du surplus, en comptant de clerc-à-maître, avec la Caisse d'Amortissement, au jour du remboursement, afin qu'il fût intégral.

Si le créancier prouvait que la dette qu'il réclame est pour argent prêté au Gouvernement, il aurait la priorité sur tous les autres créanciers, et aurait droit à être remboursé le premier.

2.º Tout prêt, avance ou fourniture faite pendant l'usurpation, ne serait liquidée qu'au cours du jour, et ne recevrait point de reconnoissance ou billet supplémentaire de la différence entre l'intégralité du capital, comparativement au cours du jour, à moins que le porteur de la créance ne prouvât que le prêt, avances ou fournitures qui lui sont dues, provenaient soit de marchés, soit d'ordonnances émanées du pouvoir royal. Si l'on ne consultait que la justice, il ne serait rien dû à des êtres qui ne se sont servis de leurs insolentes et scandaleuses fortunes, que pour le renversement de l'autorité légitime; mais le Roi, dont la clémence est un trésor inépuisable, désire que ces créances soient reconnues; et il ne nous est plus permis de discuter : car, si veut le Roi, si veut la Loi.

Je crois, en terminant cet article, devoir observer qu'il serait très-essentiel de fixer cet arriéré sur lequel on varie, et qu'en pareille situation, l'État doit, comme tout propriétaire, ne solder sa dette, que lorsqu'elle est reconnue, et que les comptes de ses créanciers sont appurés.

BUDGET DE 1816.

Je lis le Budget, et après avoir pris connaissance de l'état de nos dépenses, et de celui de nos ressources, je ne vois de coincidans que les chiffres, qui, pour les dépenses et les recettes, sont parfaitement d'accord. Si l'état de nos dépenses me paraît effrayant, combien, à plus forte raison, dois-je être effrayé du mode que l'on propose pour établir notre recette? C'est alors que, reportant toute ma pensée sur les moyens de payer, j'aborde la question sur l'état de nos ressources. Elles seraient encore bien puissantes, si l'on voulait les employer; mais le temps presse, et nous laisse à peine celui de réfléchir. Le premier objet qui me frappe, et qui semblerait décourageant, c'est ce que l'on demande pour l'impôt foncier, y compris l'impôt des cent millions, qui, avec les fonds demandés pour les divers dégrèvemens, forme près de cinq cents millions. Quoi? dis-je! sur les propriétés qui sont ravagées depuis deux ans, habitant un sol où toutes mes récoltes ont été détruites; où tous mes bestiaux, et jusqu'à mes instrumens aratoires, ont été anéantis; on veut que je paye près de cinq cents millions! Je le demande, cela est-il possible? Gardez-vous d'en faire l'expérience; le mal serait aussi irréparable qu'affreux dans ses conséquences. Cette première idée, je l'avoue, me paraît désolante; mais dans mon anxiété même, je trouve une ressource. Pourquoi faut-il que, dans un moment où toutes les puissances de l'Europe ont un cours de papier-monnaie, la France soit le seul État qui n'ose point émettre de papier sur la place? Partout ailleurs le cours en est forcé; je veux qu'en France il ne soit que l'effet de la confiance. Comment l'inspirer? le voici : Je demande que l'on veuille bien examiner ce plan avec sévérité, mais aussi sans aucune prévention, car la chute des assignats et des mandats paraît d'abord bien défavorable à ce système.

L'État n'a point d'argent; mais il a des biens fonds, et il veut payer. Que faire alors? Des billets représentant de ses fonds. Il ajoute à ses billets des coupons portant cinq pour cent par an, et donne ordre que ses billets, ainsi que leurs coupons, soient pris pour comptant dans toutes les caisses de l'État, et dans tout paiement quelconque, à faire pour le compte du trésor royal.

Il fait faire l'estimation de tous les objets qu'il établit pour gages; et, après la fabrication des billets représentant le gage par lui donné, la planche de ces billets est publiquement brisée, et il se dessaisit de tous les objets qu'il présente pour gages, entre les mains des Directeurs de la Caisse d'Amortissement, et cette Caisse, désormais, devient absolument indépendante du trésor royal. A l'instant même elle devient nationale, et garantie par l'autorité suprême du Roi, et le concours des deux chambres, et son établissement devient un article fondamental de la Charte.

Sans prévention, si l'on veut peser ce système, que l'on passe en revue tous les projets financiers de l'Europe; j'ose assurer qu'il n'en est pas un qui offre un tel avantage, et pas un seul qui offre autant de sûreté; car avec ce plan, par-tout où je trouve un receveur, je trouve de l'argent. Je puis, avec la facilité de ce papier, qui me porte intérêt tant que je le conserve, emporter avec moi ma fortune si cela me convient, ou la dérober à la cupidité. Je ne touche point aux transactions particulières; je ne m'immisce dans aucun marché: ce papier n'est pris que par celui qui veut bien y placer sa confiance; et la Caisse d'Amortissement, celles des receveurs, sont toujours prêtes à les échanger à bureaux ouverts. Remarquez même qu'il est dans l'intérêt de tous les receveurs de les prendre de préférence, à cause de la facilité du transport, comparativement à celui de l'argent, et qu'en outre, ces billets, portant cinq pour cent d'intérêt, sont d'un avantage immense pour toute sorte de caisse. Il en est encore un, selon moi, qui est inappréciable; c'est de laisser le numéraire dans les divers départemens, et de conserver au commerce et à l'agriculture, cette ressource dont elle a un si grand besoin.

Après l'impôt foncier, il en est deux, Messieurs, qui demandent toute votre attention, et que vous ne sauriez trop vous empresser de régulariser. Je veux parler des Droits-Réunis et des Douannes. Je ne puis m'empêcher de faire quelques réflexions sur la manière, et je pourrais ajouter, la manie de mettre tout en régie. Je sens qu'il est flatteur d'avoir une armée innombrable de commis à ses ordres, et de pouvoir disposer de places aussi lucratives qu'elles sont onéreuses pour l'État, et vexatoires pour les administrés; mais je ne conçois pas comment l'on n'ouvre pas les yeux sur de tels abus. Je sais qu'il faut que tout le monde vive; mais un Gouvernement sage ne doit aider que les gens qui lui sont utiles; et quand cette armée de commis prendrait à tâche de faire détester le Gouvernement, elle ne pourrait prendre de meilleures mesures pour y réussir. Que l'on jette les yeux sur les réclamations des fabricans et des commerçans en tout genre. Il n'est pas un des mémoires qui vous sont présentés, qui ne dévoile des abus insupportables. Je vois la France par-tout assiégée par les partisans de la bureaucratie, et ne puis m'empêcher de gémir sur le poids tyrannique de tant d'espèces de régies. La fiscalité la plus odieuse règne par-tout; par-tout on calcule ce que l'on peut encore dévorer, et l'on s'applaudit d'avoir inventé quelque nouveau moyen d'appauvrir son semblable. Pourquoi ne pas recourir aux corporations et aux abonnemens? Pourquoi, dans chaque département, ne pas établir une assemblée de gens aussi probes que désintéressés, chargés de surveiller ces corporations? Vous obtiendriez le double, et personne ne serait foulé. Croyez que chacun se ferait une gloire d'aider l'État de tous ses moyens, au lieu de chercher, dans l'isolement, à éviter la rapacité d'un commis, qui ne s'établit dénonciateur, que par cela seul qu'on l'intéresse dans les amendes.

Quel est l'intérêt de l'État? C'est d'obtenir de ses administrés le plus possible. Il faut donc, en bonne administration, diminuer autant qu'on le peut, les frais de perception. Le Gouvernement, en remplissant ce devoir de protection envers ses administrés, en trouve l'utilité et la récompense; car on paie alors toutes les charges de l'impôt, *bien plus promptement et plus exactement*. Pour obtenir cet avantage, que doit-on faire? Ce que fait un propriétaire; c'est-à-dire, ne jamais faire valoir sa chose par soi-même; car toutes les fois que vous ne pouvez exploiter par vous-même, vous êtes forcé de recourir au travail et à l'industrie d'autrui, et par conséquent de payer celui qui vous donne ses bras, ses veilles et ses soins. Il y a donc, dans ce cas, tout profit d'affermer. Cet axiôme est sûr, qu'on l'applique a un particulier, ou à un Gouvernement: mais il est bien plus essentiel pour un État que pour le particulier; car si ce dernier fait de mauvaises affaires, il ne ruine que lui, ou ceux dont il avait la confiance, au lieu qu'un État ne peut manquer, sans compromettre la fortune de tous ses administrés. Régle générale donc, affermez toutes les fois que vous ne pouvez régir vous-même; car un fermier trouvera à s'enrichir, tandis que vous vous ruinerez. Mais sur quoi le fermier trouvera-t-il quelque bénéfice? A la manière économique dont il régira, et par les sous-abonnemens qu'il signera. Il connaît mieux que vous les profits qu'il a droit d'attendre. En un mot, c'est sa chose; et l'intérêt personnel est le meilleur régisseur que je connaisse; tandis qu'un grand seigneur, entouré d'agens dispandieux, trouve le secret si facile de se ruiner, parce que tout le monde veut vivre à ses dépens.

DE LA CAISSE D'AMORTISSEMENT.

LE projet de l'établissement de la Caisse d'Amortissement, présenté par le Ministre des finances, dans le Budget de 1816, laisse peu de choses à désirer. Il est sage, et offre toute espèce de garantie, quant à la solidité et à la surveillance; mais, d'après le désir que j'aurais de voir ses opérations prospérer le plus tôt possible, je pense qu'on ne saurait trop la doter. Plus elle aura de fonds, plus elle doit être utile.

L'idée de cet établissement annonce un Ministre aussi éclairé que prudent. Il n'est pas donné à tous les hommes en place de se désister de leurs droits, et de sacrifier quelques prérogatives. La cession que le Ministre, dans le Budget de 1816, fait à la nation, en déclarant la Caisse d'Amortissement indépendante, est un de ces actes qui mérite toute notre reconnaissance. Cette cession est un gage de la loyauté qui le dirige : elle sera aussi un garant de notre confiance.

Rien de parfait n'est sorti de la main des hommes. Si les réflexions que j'aie l'honneur de vous soumettre ne reçoivent point, Messieurs, votre approbation, que le motif qui les a dictées mérite du moins votre indulgence; car je n'ai eu d'autre vue, en les publiant, que de fermer et cicatriser les plaies de la patrie.

BIBLIOTHEQUE NATIONALE DE FRANCE
3 7511 00367296 4

www.ingramcontent.com/pod-product-compliance
Lightning Source LLC
Chambersburg PA
CBHW061831060726
47597CB00008B/3455